Guías Espirituales

¡Una guía para conectarte y comunicarte con tus guías espirituales!

Contenido

Introducción 1

Capítulo 1: ¿Qué son los guías espirituales? 2

Capítulo 2: Tipos de guías espirituales 14

Capítulo 3: Factores que bloquean a los guías espirituales 28

Capítulo 4: Comunicarse con guías espirituales 34

Capítulo 5: Mantenerse a salvo durante la comunicación 40

Capítulo 6: Preguntas frecuentes 48

Conclusión 55

Introducción

¡Gracias por tomarte el tiempo de agarrar este libro sobre guías espirituales!

Este libro cubre el tema de guías espirituales: qué son, cómo comunicarte con ellos de forma segura, y todo lo demás que necesitas saber sobre ellos.

Todo el mundo tiene por lo menos a un guía espiritual con ellos a lo largo de su vida. Esta guía tiene como objetivo dirigir a la persona en la dirección correcta, tomar decisiones adecuadas durante toda su vida, y ayudarla a lograr sus metas y deseos.

Aprender a comunicarte de forma segura con tu guía espiritual hace que sea mucho más fácil pedirles guía, entender e interpretar sus consejos y vivir una vida más cumplida. Este libro tiene como objetivo educar plenamente sobre estos guías espirituales y proporcionarte estrategias paso a paso para establecer de forma segura y eficaz la comunicación con tus propios guías.

Una vez más, ¡gracias por elegir este libro, espero que lo encuentres útil!

Capítulo 1: ¿Qué son los guías espirituales?

Los guías espirituales son seres incorpóreos que son asignados a todos antes de nacer. Los guías espirituales proporcionan una guía gentil a lo largo de la vida de una persona, con el objetivo de evitar que hagan daño y moverlos en la dirección correcta. La mayoría de las personas nunca se comunican con sus guías espirituales o incluso saben de su existencia, pero si aparecen, lo hacen en una manifestación que es cómoda con la persona a la que están guiando.

Algunos guías están contigo a lo largo de tu existencia. Otros guías aparecerán de vez en cuando y te ayudarán con ciertas metas que estás tratando de alcanzar. Tales guías espirituales existen en diferentes niveles de conciencia.

Mientras que los guías espirituales esencialmente no tienen género, pueden aparecer como hombres o mujeres. Incluso pueden aparecer como animales o plantas. En realidad, los guías espirituales son pura energía. Pueden ser espíritus que tuvieron encarnaciones físicas en el pasado, o pueden ser espíritus que nunca han existido en el mundo físico.

La persona que un guía espiritual está cuidando, se conoce como un 'cargo'.

Tú puedes ser el único cargo que tiene un guía espiritual, o ellos pueden estar en un "panel" de guías que tienen múltiples cargos. Cuando es hora de que los guías espirituales vayan a ayudarte, se sintonizan con tu energía y te guían hacia tu propósito terrenal.

Hay que saber que los guías espirituales nunca son contundentes, y que nunca impondrán sus enseñanzas y guía sobre ti. Son simplemente seres gentiles que te ayudan en el camino correcto.

Los guías espirituales pueden ver tus actividades diarias. Cuando los llamas, y piensan que es hora de intervenir/guiar, tienen algunas maneras de hacerte saber que están trabajando para ti:

Señales. Los guías pueden ayudar a alertarte sobre algo que debes tener en cuenta. Los guías envían sincronicidades y señales, por lo que debes estar consciente de cuándo suceden. Esto podría ser instancias en las que se producen eventos o cosas repetidamente. En este caso, los guías espirituales están tratando de decirte algo.

Presentimientos. Puedes tener algún presentimiento cuando los guías están tratando de decirte algo. En tales casos, es mejor hacerles caso a estos sentimientos. ¿Alguna vez has experimentado la sensación de que algo malo te iba a pasar, pero no estabas seguro de lo que era? Este puede ser tu guía espiritual advirtiéndote que tengas cuidado.

Intuición. Los guías pueden enviarte imágenes de intuición que parecen una voz interior. Es importante que prestes atención a estos presentimientos de intuición, ya que pueden alejarte del peligro y ayudar a llevarte al éxito.

Los pensamientos intuitivos pueden aparecer al azar, pero por lo general proporcionan información vital de la que querrás tomar nota. Mucha gente no presta atención a los pensamientos intuitivos, pero estos son muy valiosos.

Enviar a otras personas. Tu guía espiritual puede conversar con otros guías espirituales, por lo que tratan de presentar a sus cargos para que se reúnan. Es posible que de la nada estés pensando en alguien que no has visto en mucho tiempo, y luego, te encuentras a esa persona en un café más tarde en ese día.

Puede que pienses que es un encuentro de pura casualidad, pero en realidad no lo es. No pienses en ello como una coincidencia, sino como el espíritu guía juntándote con esa persona.

Maneras en las que el Guía Espiritual puede ayudarte

Cuando cultives una relación con tus guías espirituales, comenzarás a recibir enseñanzas espontáneas de ellos, y experimentarás cambios en tu perspectiva.

Tu relación con tus guías es similar a tus relaciones con personas cercanas a ti. Trátalos como a un familiar o a un verdadero amigo. Si tú y tu guía no se conocen bien y si solo se comunican esporádicamente, es probable que su comunicación sea solo superficial.

Sin embargo, cuando te comprometes a conocer a fondo a tu guía, puedes obtener rápidamente pepitas de guía y sabiduría. Puedes 'escucharlos' en tus pensamientos, y saber que son ellos. Los guías espirituales te ayudan con sutiles cambios de pensamiento. A medida que pasa el tiempo, te ayudarán a superar los miedos que te mantienen solo, sintiéndote pequeño y atrapado.

¿Cómo te ayudan los guías espirituales en tus actividades diarias? ¿Cómo puedes estar en comunicación constante con los guías espirituales y seguir siendo capaz de completar tus tareas? ¿Cuáles son los beneficios de involucrarte constantemente con tus guías espirituales? La siguiente es una lista de las formas esotéricas y prácticas en que los guías espirituales pueden ayudarte:

Una presencia constante

Los guías espirituales esperan pacientemente que solicites su ayuda en temas particulares. Sin embargo, siempre están presentes para dirigir y guiar, y lo hacen sutilmente.

Por ejemplo, los guías espirituales pueden estar tratando de reunir a dos personas para iniciar una relación. Estas dos personas no pidieron específicamente el uno por el otro. Sólo deseaban inconscientemente conocer a una pareja responsable y buena. Por lo tanto, los guías trabajaron para que estos dos individuos se reunieran.

Los guías espirituales sienten tus deseos inconscientes y ayudan a hacerlos realidad. Pueden intervenir y ayudar a guiarte en muchas situaciones, como en las relaciones y los negocios.

Expandir la creatividad

La combinación de tus guías espirituales y tu voluntad es poderosa. Tal relación puede ayudar a una persona a lograr grandes cosas en cualquier dominio.

Así es como los guías espirituales pueden ayudar a reforzar la creatividad. En la conversación juntos, ya sea inconsciente o conscientemente, los guías espirituales están constantemente alimentándote de información. Esto es sin excepción.

Si intentas ser creativo, serás receptivo a la información que tus guías espirituales te están enviando constantemente. Esta combinación de tu propio deseo de llevar a cabo una tarea creativa, y su orientación al hacerlo, te dará grandes resultados.

Hacer que las cosas que quieres sean más fáciles de alcanzar

Pídeles a los guías espirituales que te ayuden a alcanzar lo que quieres, y ellos despejarán un camino para que tu puedas alcanzar tales cosas.

Muchas personas nunca buscan la guía que necesitan, y como resultado, nunca logran lo que desean.

Si estás buscando una pareja romántica, di una oración a tus guías espirituales pidiéndoles que te ayuden a encontrar a la persona adecuada.

Si deseas que un acuerdo de negocios tenga éxito, di una oración a tus guías espirituales pidiéndoles que te ayuden en tal esfuerzo.

Sea lo que sea que desees, reconoce a tus guías espirituales y pídeles activamente que te ayuden a tomar las decisiones correctas y a conocer a las personas adecuadas que te ayudarán a alcanzar tu meta.

Recordarte de la paciencia

La paciencia es ser capaz de testimoniar y reconocer el momento divino, y de participar en esfuerzos creativos por el momento. Tus guías espirituales pueden ayudarte a cultivar la paciencia.

A veces, podemos ser impacientes y permitir que nuestros egos controlen y esperen incesantemente. Si haces esto, es posible que lo que buscas no te sea dado. En su lugar, pídeles a tus guías espirituales una salida creativa y pídeles que te ayuden a fortalecer tu capacidad de ser pacientes.

Hacerte saber cuándo es tiempo de soltar

Los guías espirituales te permiten saber cuándo es el momento de salir de una relación, un trabajo, una amistad o un hogar, y puedes resistirte o aceptarlo. El miedo es normalmente la respuesta inicial al cambio. El miedo ralentiza el avance y limita el crecimiento a medida que vives tu vida.

Las cosas no deben ser inmutables y estáticas. En tus primeras dos décadas, pasas por la vida avanzando constantemente y aprendiendo de una etapa a otra. Al entrar en tu tercera década, esto no debería cambiar. Sin embargo, debido a que no hay una estructura definida para ello, ya que ya no estás en la escuela, la gente tiende a tener miedo de recibir al cambio y tiende a evitarlo a toda costa.

Los guías espirituales pueden ayudarte a definir el curso de acción correcto para que puedas hacer las cosas con confianza y no con miedo.

Objetos perdidos y encontrados personal

Los guías espirituales pueden ayudarte a localizar cosas que has extraviado. Por ejemplo, puede parecer que has perdido notas importantes para el trabajo. Has buscado prácticamente por todas partes, pero no has encontrado tus notas.

En este caso, puedes pedirles a tus guías espirituales que te ayuden. Cierra los ojos y pídeles a tus guías que sean específicos sobre dónde están las notas. Los guías te enviarán mensajes sobre dónde se pueden encontrar tus notas.

Advertirte en tiempos de peligro

Cuando tus guías espirituales te adviertan en tiempos de problemas o peligros, no te gritarán para que salgas del camino del peligro. Los mensajes enviados por los guías son siempre sutiles.

Esto podría ser el presentimiento de no caminar por una determinada calle, o la sensación de que una persona podría no ser confiable, a pesar de cómo se ven externamente. Presta mucha atención a estas sensaciones y señales, ya que es probable que sean tus guías espirituales enviándote una advertencia.

Ayudarte incluso sin tu conocimiento

Si piensas que no estás en comunicación con tu guía espiritual, o que tal vez su relación no está evolucionando como debería, debes entender que tu guía espiritual todavía te está dirigiendo en la dirección correcta.

Tienes que saber que tu guía siempre está ahí ayudándote a estar tranquilo. La parte de tu mente que está conectada con tu guía espiritual siempre está funcionando, incluso si está confundida temporalmente por el miedo.

Es importante centrarse en las cosas que necesitas y deseas, ya que esto te ayudará a recibir mejor los mensajes de tu guía espiritual. Si en cambio tu mente está llena de miedo y preocupación, será difícil comunicarte claramente con tu guía.

Buscarán aquello para lo que estás listo

El crecimiento espiritual puede ser abrumador. Es como si los sistemas físicos y eléctricos de tu cuerpo no pudieran manejar tu expansión en el pensamiento y la creatividad. Por lo tanto, los guías espirituales tienen cuidado de no entregarte más de lo que puedes manejar.

Los guías espirituales también tienen cuidado en cómo te presentan la alegría, ayudándote a abrirte gradualmente para que la alegría no abrume y conmocione tu sistema. Imagina una flor abriéndose al sol, desplegando un pétalo uno por uno, tomando lentamente el sol antes de que esta se vuelva completamente receptiva y abierta. Este es el mismo enfoque que los guías espirituales toman al presentarte nuevas emociones y experiencias.

En la medida de lo posible, los guías te facilitan las cosas, especialmente cuando estás abrumado, o te sientes asustado.

Durante los momentos de creación y crecimiento, cuida de tu cuerpo físico. Consume alimentos saludables y bebe mucha agua. También es importante que descanses.

Tal vez, cuando te estás comunicando con los guías espirituales, es posible que te sientas fatigado o comiences a bostezar. El crecimiento espiritual es muy exigente en el cuerpo físico, así que presta mucha atención a cómo te sientes.

Ayudarte a prepararte para conversaciones desafiantes

Si vas a tener una conversación difícil con alguien, ora a tus guías espirituales para que guíen el camino antes de entablar una conversación así.

Por ejemplo, supongamos que estás entablando negociaciones serias en un acuerdo comercial. Esta conversación puede implicar mucho desacuerdo, y tal vez incluso hostilidad.

Al pedir orientación incluso antes de comenzar la conversación, tus guías ayudarán a que la conversación se desarrolle con mayor fluidez y desde un punto de respeto. Los guías espirituales de ambas partes pueden cambiar la energía antes de que se lleve a cabo una conversación, pero primero tendrás que pedir su ayuda.

Ayudarte en el proceso del perdón

Si bien el perdón puede ser un ideal noble, puede ser muy difícil en un mundo plagado de dolor y sufrimiento.

Una cosa que tu guía espiritual puede hacer es caminar a tu lado mientras te alejas del miedo y aprendes a ser libre para perdonar. El perdón es un proceso largo.

Cuando buscas el verdadero perdón, movilizas un gran sistema de apoyo. Cuando ofreces un perdón genuino, te quitas completamente el miedo y empiezas de cero.

Separarse del miedo sólo puede suceder a través del perdón. Cuando tratas de perdonar, estás alcanzando tu propósito más alto. Pídeles ayuda a tus guías espirituales en este difícil proceso, y puedes estar seguro de que ellos te ayudarán.

Abrir tu visión espiritual

Siempre que estés en una situación de conflicto, ora a tus guías para que te ayuden a ver la situación desde arriba. En lugar de ver desde tu ego, trata de ver desde tu yo superior. Deberías notar la diferencia. Tu yo superior no será juicioso.

A medida que colabores con tus guías espirituales, empezarás a ver a los demás y a ti mismo de la manera en que lo hacen tus guías espirituales. Comenzarás a visualizar la luz interior y comenzarás a desvincularte de los resultados y las expectativas. Cuando conozcas a otros, sentirás el deseo de ser amable en lugar de tener el control. Te darás cuenta de que el drama es un desperdicio de energía. Comenzarás a ver el potencial en ti mismo y en los demás.

Capítulo 2: Tipos de guías espirituales

Los guías espirituales existen en tu vida para ayudarte y empujarte en la dirección correcta. No existen como una energía o entidad que exige que los sigas. Si tu guía espiritual te está influyendo negativamente, lo más probable es que la entidad no sea realmente tu guía espiritual. Puede ser un espíritu malicioso que pretende ser tu guía.

Hay personas que eligen separar y clasificar a los guías espirituales por su propósito. Por lo tanto, los guías espirituales se pueden clasificar como: porteros, protectores, portadores de mensajes, maestros, sanadores y guías para brindarte gozo.

Además, muchas personas creen que sus guías también son ángeles. Esto puede o no reverberar, dependiendo de si aceptas que los ángeles existen o no.

Estos son algunos de los guías espirituales comunes que están con nosotros:

Guías ancestrales. Un guía espiritual ancestral alega un parentesco contigo, como un pariente que murió cuando eras joven. Incluso un antepasado fallecido hace mucho tiempo puede ser un guía espiritual.

Estas entidades se ven como guías reencarnadas. Están conectados por sangre a tu familia, o pueden ser espíritus de personas que amabas cuando aún estaban vivas. Algunas personas se refieren a estos guías ancestrales como ángeles guardianes.

Maestros ascendidos. Los maestros ascendidos a menudo trabajan con personas comprometidas con el reiki u otro trabajo de energía.

Los maestros ascendidos normalmente trabajan con grupos. Eso significa que si tienes un maestro ascendido como guía espiritual, no eres la única persona que ayuda. El enfoque principal de estos maestros es ayudar a la humanidad.

Maestro guía o Guía espiritual común. El guía espiritual convencional es simbólico, representativo o arquetípico de otra cosa. Un ejemplo sería que encontraras que tu guía tiene la forma de un narrador, de un guerrero, de un sabio hombre o de una sabia mujer.

Estos guías pueden presentarte otros guías arquetípicos en tu viaje. Según tus necesidades, pueden ayudarte a resolver problemas.

Se sabe que los maestros guías proporcionan información a través de la meditación o de los sueños. Mientras ellos sean necesitados, se quedan. Siguen adelante después de haber cumplido su propósito.

Los maestros guías también ayudan a presentarte personas cuando estás listo para una necesaria lección. Este tipo de guía puede ayudarte a entender tu contrato con tu alma, tu propósito y lecciones generales que necesitas aprender en esta vida.

Mientras pasas por desafíos, los maestros guías te ayudan a entender la lección y cómo ésta se vincula a tu propósito superior.

Llama a tu maestro guía cuando te resulte difícil entender la lección o el camino que tienes delante. Los maestros guías normalmente entregan su mensaje dirigiéndote a una persona que será el maestro adecuado para ti en un momento determinado. Los maestros guías también pueden hablar contigo a través de sincronicidades, sueños y símbolos.

Guía espiritual guardián. Los guías espirituales guardianes tienen funciones protectoras y pueden intervenir en tu vida de una manera física con el fin de ofrecer protección. Pueden guiar el movimiento de un coche, crear energía protectora a tu alrededor y evitar que entres en peligro.

Estos guías también pueden hablar contigo a través de animales mensajeros. Si ves un animal en un lugar inusual o a un animal que ves repetidamente, esta podría ser la manera del guía espiritual de recordarte que eres fuerte y que imites las cualidades de ese animal. El animal puede recordarte que estás protegido físicamente.

Siempre que necesites protección, puedes llamar al guía espiritual guardián. Sólo pídelo, y tu guía estará allí.

Guías porteros. Estos guías espirituales porteros te ayudan a navegar por varios portales de Mundo Espiritual. Son guardianes entre las diferentes dimensiones, y existen para ayudarte a navegar con seguridad a través del Mundo Espiritual.

Estos guías pueden ayudarte a agudizar tu intuición y pueden ayudarte a experimentar actividades psíquicas como la proyección astral y sueños lúcidos. Estos guías también te protegen de penetrar muy profundamente en el mundo de los espíritus antes de que estés listo.

Los guías porteros te protegen de los espíritus y entidades negativas, y pueden ayudarte a facilitar tu transición al más allá.

Guías mensajeros. Estos guías espirituales vienen a ti a medida que caminas por un nuevo camino o empiezas un nuevo capítulo de vida. Ayudan a prepararte con la información necesaria y te traen mensajes a través de símbolos y señales, lo que te ayudará a tomar decisiones importantes.

También entran en tu vida cuando estás a punto de tomar una decisión importante o estás en una encrucijada. Los guías mensajeros te apoyan en tus elecciones y también ofrecen información sobre las decisiones que tomes.

Se comunican contigo a través de sueños, sincronicidades, símbolos o patrones numéricos. También pueden hablar contigo a través de clarividencia o clariaudiencia. Los lectores intuitivos o psíquicos a menudo trabajan con guías mensajeros para recibir información y mensajes sobre la persona para la que están leyendo.

Para llamar a estos guías, solo pídeles que vengan a tu vida. Abre un diálogo con ellos sobre tus inquietudes y preguntas. Los guías mensajeros siempre dan respuestas, siempre y cuando te abras a la interpretación de los mensajes.

Guías auxiliares o de sanación. Estos guías pueden curar tensiones y dolencias emocionales, físicas y energéticas. Te ofrecen apoyo espiritual y emocional en momentos de necesidad.

Estos guías auxiliares están presentes a menudo en cirugías y en momentos de dolor o enfermedad. Pueden ser llamados para ayudar a acelerar el proceso de curación. Estos guías espirituales también pueden ser llamados durante momentos de trauma emocional o si te sientes negativo o deprimido.

Estos particulares guías espirituales trabajan con personas en la profesión curativa o médica y actúan a menudo como facilitadores o mentores de curanderos o médicos mientras trabajan. Si estás en una profesión tan noble, puede que sientas que esta entidad te guio.

Tótems/Animales. Como guías espirituales, los animales son bien conocidos y se han vuelto populares a lo largo de los años. Esto puede deberse en parte a su accesibilidad en la vida de las personas. Algunas culturas antiguas, como los chinos y los indígenas americanos, tenían animales para representar sus linajes o tribus.

Hoy en día, los animales reflejan y representan las propias necesidades y anhelos internos de una persona. Antes los animales se utilizaban para representar a los grupos, ahora representan cada vez más a los individuos.

En ciertas tradiciones espirituales, un individuo puede tener un tótem animal, que proporciona protección y enseñanza.

Especies Trans (Mitad bestia/Mitad humano). Los guías espirituales generalmente se manifiestan como una luz blanca.

Sin embargo, cuando se manifiestan como seres visuales en el ojo de tu mente, a veces pueden tomar la forma de mitad animal y mitad hombre/mitad mujer.

Ejemplos de estas especies mixtas son faunos, centauros, esfinges, hadas, sirenas y seres minotauro. Muchas deidades también se manifiestan como guías espirituales.

Algunas de estas deidades incluyen a Ganesha (Dios Indio con la cabeza de un elefante), Anubis (Dios Egipcio con la cabeza de un chacal), Ra (cabeza de halcón, cuerpo humano), entre otros.

Dioses y Diosas. Desde el principio de los tiempos, se ha escrito sobre dioses y diosas, han sido temidos y adorados. Estas entidades abarcan todas las tradiciones, culturas, religiones y todas las partes del mundo.

Las deidades habituales que sirven como guías espirituales incluyen a Apolo, Atenea, Quan Yin Lugh, Lakshmi, Hathor, Kali, Horus, Selene y El Hombre Verde.

Plantas. Hay chamanes que creen que el mundo y todas las cosas en él están compuestas de energía viva y vibrante. También se cree que las plantas tienen energía. La Ayahuasca (una cerveza psicoactiva derivada de las plantas que crecen en Perú) es una de las formas comunes de comunicarse con los espíritus de la naturaleza. La "vid de las almas" (Banisteriopsis Caapi) es tomada por individuos que quieren sentirse guiados en los reinos de la existencia externa e interna. Lo mismo también se aplica a otras plantas psicoactivas.

Las plantas pueden ser simbólicas, como en los rituales paganos que asocian las plantas con ciertas cualidades, o experiencias, en las que la ingestión de las plantas estimula la expansión física, emocional y mental.

Los guías espirituales son tan diversos y variados como los seres humanos. Durante tu vida, es probable que tengas varios guías espirituales para diversos propósitos.

Ya sea que desees conectarte con tu guía espiritual a través del canto, el trance, la meditación, las observaciones simples, los rituales o los viajes psicoactivos, es un consuelo que tus guías espirituales estén siempre ahí para ti.

Lo que los guías espirituales quieren decirte

Los guías espirituales son nuestros maestros en la vida. No puedes ir por la vida armado solamente con lo que aprendiste en la escuela. Es imperativo que sigas aprendiendo a lo largo de tu vida.

Cuando estés en contacto con tus guías espirituales, descubrirás que quieren impartirte detalles de sabiduría. Entra a tu lado espiritual y permite que tus guías te enseñen lecciones valiosas.

Sé totalmente divino y humano

Puedes encontrar significado incluso en las cosas más mundanas con la sabiduría de tus guías espirituales. Desde tiempos inmemoriales, los seres humanos han tenido una profunda asociación con el entorno físico y la tierra que los rodea.

Para su existencia, los seres humanos confían en el cielo, la tierra, los animales y las plantas. Sin embargo, el vínculo con el medio ambiente está sufriendo mucho, ya que muchos de nosotros no somos conscientes de cómo el medio ambiente es vital para nuestra supervivencia.

Una razón para estar en constante comunión con los guías espirituales es honrar y recordar el mundo que te rodea. Esto puede parecer inusual ya que los guías espirituales se centran en lo metafísico; lo invisible. Sin embargo, el objetivo de la relación de los guías contigo es ayudarte a crecer en un sentido espiritual y permitirte amar mejor al mundo físico.

Los guías espirituales trabajan contigo para que puedas estar más cómodo en tu existencia física y en tu propia piel. Al mismo tiempo, entiendes que tu existencia no te define. Esto puede parecer una contradicción y un enigma.

Para ser humano y divino, necesitas ser consciente. A medida que trabajes con tus guías, tomarás las cosas con calma y te volverás gradualmente más consciente del entorno en el que vives.

Esto es para recordarte que el mundo físico es un lugar de creatividad y asombro. Si no le prestas atención a las montañas, ríos y árboles, te perderás gran parte del atractivo que tiene la vida en este planeta.

Tanto si eres consciente de ello como si no, estás arraigado en la tierra por tu existencia. De vez en cuando, también es importante reponer y nutrir tu relación con la tierra, incluso si vives en una jungla urbana donde la belleza natural es una rareza. Se puede admirar el cielo y las nubes, incluso si los árboles no están presentes. También puede estar agradecido por el agua que sale del grifo.

¿Por qué son esas cosas importantes en tu relación con los guías espirituales? Estas te unen a tu físico y llenan tus células de recuerdos de herencia física. Los guías espirituales ayudan a conectar el cielo con la tierra. Si no estás conectado a la tierra, los mensajes de los guías no podrán llegar correctamente a su destino.

Sé consciente del medio ambiente y de la naturaleza que te rodea. Agradece la comida que comes y el agua que bebes. Tómate tu tiempo para caminar por la naturaleza, y abraza plenamente el increíble entorno en el que tienes la bendición de existir.

Pensamientos como bloques de construcción

Tus pensamientos pueden parecer aleatorios y fugaces. Desde un punto de vista humano, los pensamientos pueden parecer fácilmente olvidados.

Al mismo tiempo, el pensamiento también es concreto y elástico. El pensamiento tiene una forma, una energía, una intención y un efecto. Parte de la razón por la que los guías espirituales trabajan contigo es para ayudarte a moldear esos pensamientos, practicar la disciplina y controlar lo que pasa a través de tu mente.

Puedes pensar en los pensamientos amorosos literalmente como los bloques de construcción para cualquier cosa que puedas crear y lograr en la vida. Los pensamientos amorosos proporcionan ese fundamento. Por lo tanto, puedes entrenar tu mente para cultivar tales pensamientos. Concéntrate en los pensamientos amorosos, en lugar de en los pensamientos de odio, miedo o resentimiento. Pide ayuda en este esfuerzo a tus guías espirituales.

Vive la vida sin preocupaciones

En el mundo de los guías espirituales, no hay preocupación. Sólo hay conocimiento de que todo está bien. Hay confianza, y hay satisfacción y paz.

Los guías espirituales son seguros, no están definidos por el dinero, no desarrollan dolencias y no están limitados por creencias religiosas. Para los guías espirituales, la preocupación es un concepto extraño, aunque son conscientes de cómo nos afecta en el plano temporal.

Incluso mientras estamos en un cuerpo físico, experimentamos lo que experimentan los guías espirituales.

Esto es lo que puedes hacer. Durante cinco minutos, siéntate tranquilamente e imagina que ya estás en una forma no física, al igual que tus guías espirituales. Esto puede ser difícil a medida que empiezas. Con la práctica, sin embargo, esta actividad la haces relativamente sin esfuerzo.

Esto es lo que haces a menudo cuando sueñas. Vuelves a lo no físico y escapas de lo físico. Por lo tanto, los límites del espacio y el tiempo no se aplican en los sueños. Las cosas tampoco tienen sentido.

A medida que sueñas despierto, el punto es lograr lo no físico. Siente lo que es ir a cualquier lugar sin un cuerpo. Imagina cómo es no sentir o temer enfermedades. Experimenta lo que es saber que no tienes ningún problema de dinero. Todo lo que necesitas y quieres ya está ahí.

Imagina que estás rodeado de gente que te ama y te cuida. Imagina que puedes flotar, volar, zumbar y saltar sin limitaciones. Imagina no dirigirle el juicio, la ira o la culpa a nadie, porque no hay motivo para la ira, ya que el miedo no existe.

Haz este ejercicio de imaginación todos los días. Déjate sentir completamente las sensaciones y emociones de tales cosas en tu cuerpo y mente. Estarás desencadenando una parte del yo superior de tu mente.

Con esta actividad, podrás reducir la preocupación. A medida que pasa el tiempo, serás mucho menos reactivo para preocuparte ya que tu defecto es ahora una sensación que hace que preocuparse sea imposible. La sensación de preocupación ahora será ajena a ti, y la norma ahora será que 'todo está bien'.

Realiza esta actividad todos los días. El ego puede tratar de ser un obstáculo. Ve en contra de lo que el ego quiere y hazlo, disfrútalo.

Eres creativo

Muchas personas manifiestan creatividad, mientras que otras no expresan su creatividad libremente. La verdad es que todos somos creativos. Por lo tanto, la creatividad es la asociación intencional entre el mundo de los espíritus y el mundo temporal traído a nuestro mundo por nuestra voluntad de escuchar.

La creatividad se manifiesta en maneras de las que quizás no seas consciente. Es creatividad si te gusta adornar tu casa. También es creatividad si te gusta desarrollar aplicaciones para teléfonos inteligentes. Tales cosas son más divertidas y fáciles si trabajas junto con tus guías espirituales.

No es que algunas personas sean creativas, y otras no. Es que los que parecen ser más creativos están en sintonía con sus guías espirituales y la guía que proporcionan.

Todo el mundo es la encarnación de la creatividad. Escucha a los guías espirituales sobre cómo usar esa creatividad. Cuando lo haces, la vida fluye más feliz y más fácil. La creatividad puede considerarse la resolución de problemas. Los problemas, sin embargo, pueden ser el resultado de tus propias imaginaciones. Creas un problema, y luego se te ocurre una solución.

Capítulo 3: Factores que bloquean a los guías espirituales

Si tienes dificultades para comunicarte con tus guías espirituales, puede que haya algún problema. Puede que haya una razón subyacente por la que no has sentido su presencia, y por la que la comunicación con tu guía espiritual está bloqueada. Factores simples como los alimentos que ingieres o tu actitud pueden afectar tu conexión con ellos.

A continuación se presentan problemas comunes que muchas personas, tu incluido, probablemente encuentren que pueden afectar la comunicación. En el viaje de tu vida, puedes descubrir otros factores que bloquean la comunicación con tu guía espiritual. Toma los siguientes factores como punto de partida y mira tu estilo de vida y lo que hay dentro de tu corazón para determinar qué cambios puedes necesitar hacer.

Desorganización. Tiendes a atraer las cosas que te rodean. ¿Tu casa está llena de desorden? ¿Tu cuarto es un desastre? El estado de tu entorno puede reflejar tu corazón. Despejar tu espacio vital, e incluso usar algo como Feng shui para ayudarte a decorar puede ser una gran ayuda en la mejora de tu entorno.

Tus guías espirituales se sienten atraídos por ambientes claros y limpios. Haz las cosas más fáciles para tus guías y crea el ambiente más acogedor y atractivo posible para ellos.

Inexperiencia. Como todo lo demás, la práctica hace la perfección; eso incluye comunicarse con tus guías espirituales. En este caso, la mejor práctica es no pensar demasiado las cosas.

Si bien debes mantener la mente y el corazón abiertos, también debes aprender a calmar tu mente. Puedes hacer esto a través de la meditación diaria, manteniendo expectativas realistas, y aprendiendo a ser paciente.

También puedes aumentar tu conciencia al aumentar tus sentidos. No estés siempre buscando a tus guías espirituales. No busques señales en todo lo que ves. En su lugar, trata de estar en el momento, y deja que las señales vengan a ti.

Impaciencia. Si estás esperando ansiosamente, y preguntándote acerca de los mensajes de tus guías espirituales, la ansiedad interna y la agitación que se está acumulando dentro de ti podrían hacer que te pierdas los mensajes de tus guías. Además, cuando estás en un estado ansioso, es difícil tener fe en tus guías.

Ser paciente también te hace confiar en tus guías espirituales y fortalece tu vínculo con ellos.

Grandes milagros ocurren cuando no los estás buscando. Cuando tengas una fuerte conexión con tu guía, comenzarás a entender que las coincidencias a menudo son realmente una guía intencional y mensajes de tus guías espirituales.

Expectativas. ¿No estás haciendo nada y sólo estás esperando a que caiga una señal gigante y te golpee en la cabeza? En su lugar, trata de centrarte en tu conexión con tus guías espirituales.

No hay manera de que sepas exactamente cómo te contactarán tus guías. Al establecer altas expectativas y esperarlas constantemente, te estás limitando y cerrando tus canales de conexión espiritual.

La forma en que te contacten puede ser grande, o puede ser sutil. A veces, pueden ser simplemente susurros suaves en tus oídos, meros sentimientos en tu corazón, o simplemente imágenes fugaces.

Toma oportunidad sobre las señales más pequeñas y no esperes esos grandes eventos de truenos y relámpagos. Una vez que estés en comunicación con tus guías, entonces te darás cuenta de tu viaje con los espíritus y las pequeñas señales son lo que más importa.

Comida. Todos somos cúmulos de ondas de energía. Como ser humano, eliges verte a ti mismo como una forma sólida a través de la realidad del consenso. De hecho, todo lo que bebes y comes, y todo lo que pones en y alrededor de tu cuerpo afecta toda la vibración general de tu bienestar. Somos, después de todo, energía. Dado que la comida es energía, a su vez afecta tu energía.

Ten en cuenta las vibraciones de los alimentos que consumes. Cuando consumes alimentos con una vibración rápida y alta, puedes mantener un estado saludable, fuerte, alegre y exuberante.

Por el contrario, cuando consumes alimentos con una frecuencia más baja y lenta, tus vibraciones se reducen y es posible que no te sientas rejuvenecido a lo largo del día.

Tienes tu propia vibración, al igual que el resto de nosotros. Cada pedazo de comida que comes contribuye a esa vibración. Algunos de los alimentos de baja vibración que debes limitar o evitar incluyen:

- Harina blanca y arroz.
- Soda.
- Café.
- Azúcar y otros edulcorantes.
- Alcohol.

- Alimentos OMG (organismos modificados genéticamente) y alimentos convencionales tratados con pesticidas y productos químicos.

- Pescado, carne y aves de corral.
- Comida empacada, procesada, enlatada y rápida.
- Comida congelada.
- Aceites no saludables como semilla de algodón, canola, aceites vegetales y margarina.
- Comida frita, comida cocida y comida de microondas.
- Yogur pasteurizado, queso y leche de vaca.

Drama. El caos provocado por ciertas situaciones y relaciones puede ser un distractor. Cuando estás intentando constantemente hacer felices a los demás o siempre estás discutiendo con un conocido (un cónyuge, pareja, amigo, familiar o compañero de trabajo), no es probable que seas feliz.

Es probable que estés cerrado, desenfocado y agitado. Esto puede dificultar la comunión con tus guías espirituales.

Deja que tus guías te ayuden a limpiar tu corazón. Deshazte del miedo y de la negatividad y reemplázalo por energía amorosa, pacífica y de positividad. También deja que tus guías te ayuden a poner fin a cualquier relación que sea más dañina que útil, que te estén ralentizando y que ya hayas superado.

Está bien dejar de lado las relaciones que te están agotando tu valiosa energía espiritual y emocional. Todavía es importante amar a las personas que te rodean, incluida la familia. Sólo elige a aquellos con los que quieres revelarte.

Cuanta más energía negativa te rodee, tus amigos o familiares incluidos, más difícil será para tus guías comunicarse contigo.

Sobre analizar. Los egos inflados pueden ser uno de los mayores obstáculos al tratar de comunicarte con tus guías espirituales. Cuando el ego te dice que sabe qué es lo mejor, necesitas callarlo por un tiempo.

Ten fe en tus guías. La fe abre el espacio para los milagros que tus guías espirituales desean para ti. Si bien esos milagros no son locos, drásticos o demoledores siempre, deja que esos milagros fluyan sin esfuerzo hacia ti. Apaga al ego y permite que tus guías espirituales tomen el control porque ellos realmente saben qué es lo mejor.

Capítulo 4: Comunicarse con guías espirituales

Hay muchas maneras de comunicarse con los guías espirituales, y ellos también se comunican de maneras únicas. Se comunican contigo principalmente a través de pensamientos fuertes. Los guías espirituales entregan mensajes de manera similar a la que los mensajes con enviados a través de médiums (interactores espirituales).

La conexión de los guías espirituales con los humanos es suave. La forma en que se comunican contigo no siempre es a través de la comprensión mental o de la intuición. La mejor manera de pensar en las conexiones de guía espiritual es considerarlas como mensajes direccionales preocupados.

Tu relación con tu guía o guías espirituales también es única. Como cualquier relación con un ser querido aquí en la tierra, cultiva tu relación con tu guía espiritual con cuidado y crianza.

Tu relación con tu guía espiritual necesita la misma cantidad de tiempo y compromiso que cualquier otra relación importante en tu vida. Cuanta más atención y tiempo le des a cultivar la comunicación con tu guía espiritual, más fuerte será tu relación con tu guía.

Hay varias maneras de ponerte en contacto con tu guía espiritual. Discutiremos algunas maneras en este capítulo. Para empezar, aquí está una de ellas:

Encuentra un área tranquila en tu hogar u oficina y siéntate en una manera relajada. Esto es necesario para llegar al estado meditativo en el que tú y tu guía se reunirán inicialmente. Sin embargo, ten en cuenta que tu guía siempre ha estado contigo. Simplemente no has hecho comunicación con ellos todavía.

En tal momento, di una oración invitando a tu guía a ponerse en contacto contigo. Un ejemplo sería: "Guía espiritual, te invito. Me gustaría tener una comunicación abierta contigo".

Una vez que hayas invitado al guía espiritual, escucha tu entorno y confía en que tu guía está en contacto contigo. Lo importante es ser paciente. Al principio, la comunicación puede no ser clara ya que se trata de una relación que requiere una buena cantidad de energía vibratoria. No te esfuerces demasiado y deja que la guía y los mensajes te lleguen de forma natural.

Los guías espirituales a veces te dirán sus nombres, aunque no siempre. En cualquier caso, los guías espirituales no suelen ser particulares acerca de cómo se llaman. Si debes conocer sus nombres, pregúntales mientras meditas y confía en el primer nombre que encuentres.

Formas sencillas de conectarse

Es posible que solo tengas un guía espiritual o que tengas varios. Los guías existen en tu vida para un propósito en particular. Si necesitas tomar una decisión, hay un guía espiritual para eso. Si simplemente quieres aprender lecciones de la vida, puedes llamar a un guía maestro que te pueda presentar a alguien que pueda ayudarte en tu viaje.

Siempre tienes un guía espiritual dentro de ti, esperándote. Todo lo que necesitas hacer es llamarlo y este tendrá un mensaje para ti. A continuación se muestran algunas maneras en las que puedes llamar y comunicarte eficazmente con tu guía.

Pregunta claramente. Los guías espirituales pueden ayudarte de muchas maneras. Pueden ayudarte a encontrar las llaves perdidas del coche o a sanar un corazón roto. Otros asuntos en tu vida con los que los guías espirituales pueden ayudarte es superar los desafíos, conocer a tu futuro compañero de vida, encontrar el valor para alcanzar tu potencial y ayudarte a superar el pasado y seguir adelante.

Para los guías espirituales, ninguna solicitud es demasiado pequeña o demasiado grande, demasiado amplia o demasiado específica. Puesto que estamos en un mundo donde se respeta el libre albedrío, para dejar entrar a tu espíritu guía, debes pedirles primero que vengan a tu vida.

No codicies el resultado. Hay algunos que han tratado de comunicarse con sus guías espirituales pero tuvieron resultados decepcionantes. Muchos de ellos esperaron largos períodos antes de finalmente poder comunicarse con ellos.

Suelta cualquier expectativa sobre cómo los guías espirituales deben revelarse a ti. Sólo mantente abierto de mente y deja que los guías se comuniquen contigo de la manera que consideren conveniente.

Haz una meditación de sintonía. Tus guías espirituales siempre están contigo. Todo lo que necesitas hacer es conectar con ellos. Sin embargo, no siempre es tan fácil sintonizar una frecuencia de la misma longitud de onda que ellos.

Realizar sintonías de guía espiritual o meditación es una excelente manera de conectar inicialmente con tus guías.

Crea una caja de orientación. Ten una caja especial para que te ayude a comunicarte con tus guías espirituales. En una hoja de papel, escribe una cosa específica con la que necesites ayuda o escribe una pregunta para que la respondan. Dobla el pedazo de papel y colócalo en una caja. Mantén la mente abierta y podrás encontrar las respuestas que buscas.

Ten un espacio sagrado. Selecciona un espacio sagrado en tu hogar. Aquí es donde puedes conectarte con tus guías espirituales cada día. Puede ser tan simple como la mesita de noche, o una repisa de la ventana.

Reserva tiempo cada día para conectar con tus guías espirituales. Con el fin de cultivar tu relación con tus guías, tú debes invertir regularmente tu tiempo en esto.

Escribe con intuición. Una manera de conectar con los seres en el reino espiritual, incluyendo tus guías espirituales, es a través de la escritura intuitiva. Comienza por limpiar un espacio sagrado. Enciende una vela y siéntate con dos bolígrafos de diferentes colores y tu diario.

Escribe tu primera pregunta con tu primer bolígrafo. Usando la segunda pluma de color, pídeles a los guías espirituales una respuesta y deja que las respuestas fluyan desde tu mano intuitiva y hacia la página.

Llama a tu equipo. Si estás trabajando en un proyecto importante, llama a los mejores guías espirituales para que te ayuden en tu esfuerzo. Si estás escribiendo un libro, por ejemplo, recluta a un guía espiritual que haya escrito poesía o libros propios. Estos guías pueden haber sido una vez seres vivos que han trascendido hacia el más allá. Si estás pasando por un momento difícil con tu proyecto de escritura, puedes optar por llamar a un guía espiritual maestro para que te ayude.

No microgestiones a tus guías. Confía en tus guías para hacer el trabajo por ti. Es como en un lugar de trabajo convencional. Los mejores gerentes son los que tienen claro el trabajo y luego confían en que sus equipos pueden hacer el trabajo con capacidad.

Ten claro lo que quieres que hagan tus guías espirituales. Deja que te guíen y luego confía en que pueden hacer bien el trabajo. Nunca dudes de tus guías espirituales. Nunca los microgestiones. Confía en ellos, y te sorprenderás con los resultados.

Mantén un diario para tus guías. Anota cualquier visión, guía, corazonadas intuitivas o sueños que puedas recibir. La conexión con tus guías requiere que confíes y observes la orientación a medida que la recibes. Cuando lo escribes, creas un registro del mensaje que recibes, y pronto tendrás una imagen clara de cómo te están ayudando tus guías.

Duerme bien. Dormir es una excelente manera de conectar con tus guías. Cuando te vayas a la cama, pídeles a tus guías espirituales que vengan a ti. Cuando te despiertes a la mañana siguiente, toma nota de los mensajes que recibiste en tus sueños.

Capítulo 5: Mantenerse a salvo durante la comunicación

Puede ser una experiencia emocionante cuando te comunicas con tu guía espiritual. Estás emocionado con la idea de acceder a una dimensión que es mágica y más grande que las cosas que ves en este plano terrenal.

Puedes acceder al mundo de los espíritus si mantienes tu mente y tu corazón abiertos. Sin embargo, puede haber fuerzas más oscuras en juego, y puede que no siempre sea tu guía espiritual la que se esté comunicando contigo.

Los espíritus pueden visitarte incluso si no hay una invitación adecuada, como un difunto ser querido. Un espíritu a menudo visitará a través de un cierto espacio en tu hogar. Esto se debe a que quieren dejarte ver algo importante, o tienen algún tipo de mensaje para ti.

Participar en el mundo de los espíritus es entrar en lo desconocido. Por lo tanto, es necesario protegerse con las herramientas adecuadas.

Protégete. Antes de intentar comunicarte con tus guías espirituales o el reino espiritual, protege tu espacio y tu energía. Carga tu energía protectora a través de la meditación. Imagina una luz blanca que envuelve todo tu ser. También puedes usar cristales protectores, un ejemplo de los cuales es la amatista.

Arregla un espacio sagrado. Crea un espacio sagrado si deseas obtener información de un espíritu, o si deseas hablar con un ser querido difunto. Tal espacio debe ser claro y seguro de distracciones o desorden.

Puedes llenar este espacio con plantas, cristales, hierbas, velas u otros artículos que te hagan sentir bien. Ten a la mano un papel y un bolígrafo si deseas anotar cosas.

Establece tus intenciones. Una vez en el espacio sagrado, establece tu intención de comunicación. Sé claro acerca de la experiencia de comunicación que deseas. Indica firmemente tus intenciones y establece límites.

Puedes decir:

"Quiero conectar con el espíritu de (nombre aquí). Estoy protegido y guiado para escuchar los mensajes que (nombre del espíritu) tiene para mí. Pido a los ángeles que me protejan y me ayuden a recibir los mensajes necesarios'.

Cuando se trata de lo desconocido, primero sentir la energía. Si no estás seguro, o si sientes cierta negatividad, entonces detente.

Si quieres comunicarte con guías espirituales u otros espíritus, no ayuda el tener miedo. Si tienes tales sentimientos, detente hasta que puedas acceder al reino de los espíritus con una mente clara y positiva.

Ábrete a los mensajes. Cuando hayas fijado tu intención, habla con el espíritu como si ya estuviera en el espacio contigo. Hazle preguntas al espíritu y espera a ver si te responderá. Cuando los espíritus te respondan, sentirás sensaciones diferentes.

Es posible que sientas cosquilleos y sensaciones corporales, escucha mensajes audibles o ve chispas de luz o signos sincrónicos. Estate abierto a la comunicación y escribe cualquier cosa que sientas o veas.

Las herramientas que pueden ayudarte a recibir mensajes espirituales incluyen péndulos y escritura automática. Los péndulos son una excelente herramienta para principiantes y son menos intimidantes que la escritura automática.

Durante el proceso de comunicación, debes entender que es probable que no obtengas respuestas de inmediato. Sé amable y paciente y sabrás que encontrarás tus respuestas cuando y si estás destinado a hacerlo. Mantén la mente abierta. A menudo puedes recibir o sentir las respuestas, pero puede que no te des cuenta de que son respuestas, ya que no son lo que esperabas.

Cierra la puerta. Una vez que hayas terminado de hacer tus preguntas, anuncia que has terminado y "cierra" la sesión. Si lo deseas, despide al espíritu agradeciéndole sus mensajes y diciéndole adiós.

A partir de entonces, limpia tu aura y espacio con campanas, salvia, cristales o incienso. No debe perderse este paso de limpieza. Incluso si no ha establecido una conexión, realice el proceso de limpieza y finalice correctamente la sesión.

Puede ser esclarecedor cuando puedes comunicarte adecuadamente con los espíritus o con tus guías espirituales. Mientras tomes medidas de precaución y no te apresures en nada, no hay razón por la que no puedas beneficiarte de establecer contacto con el otro lado. Sólo protégete y agradéceles a los espíritus con los que te comunicas.

Cosas que debes evitar al comunicarte con los espíritus

Si bien necesitas protegerte espiritualmente antes de tu comunicación con lo desconocido y con tus guías espirituales, también hay cosas que debes evitar para establecer y mantener una conexión positiva.

Evita beber alcohol o tomar drogas al comunicarte con los espíritus. Las sustancias allanan el camino para otra puerta al mundo de los espíritus, quieras hablar con ellos o no.

Si bebes alcohol o tomas otras sustancias, permites que entre todo tipo de energía, especialmente las energías a las que se arrastra la baja vibración vinculada a la intoxicación. Tales espíritus que pueden entrar podrían ser maliciosos o traviesos, y causar una gran cantidad de problemas.

Evita la comunicación cuando no estés satisfecho, desequilibrado o te sientas negativo. La gente tiende a atraerse como energías. Por lo tanto, cuando eres negativo o infeliz, cuando tratas de invocar espíritus, atraes energías similares a las tuyas.

Deja que tus estados de ánimo sean frecuencias, que son señales emitidas a una cierta vibración que, a su vez, te devuelven las entidades y las energías que existen con la misma frecuencia.

Si estás en la frecuencia del amor, atraes espíritus y entidades amorosas. Por el contrario, si tu frecuencia es de negatividad, atraerás energías y espíritus negativos.

Evita contactar espíritus cuando estés con alguien infeliz, desequilibrado o negativo. Si no puedes atraer buenos espíritus y energías si te sientes negativo, lo mismo ocurre con las personas que están atrayendo espíritus y energías contigo.

Si estás con un grupo, asegúrate de que todos ustedes tengan las energías del amor y la positividad. Cualquier persona cerca de ti mientras intentes llamar a los espíritus puede contaminar o contribuir en el proceso, dependiendo de su disposición energética.

<u>Evita comunicarte con los espíritus cuando estás agotado o fatigado.</u> Cuando estás físicamente cansado, eres vulnerable y estás en menos contacto con tu lado espiritual.

Cuando estás exhausto o fatigado, es más fácil malinterpretar mensajes o energías. Por lo tanto, el proceso de llamar a los espíritus puede salir mal. Hay que estas bien descansado, física y mentalmente, antes de llamar a los espíritus.

<u>Evita el miedo</u>. Si tienes miedo de contactar a tus guías espirituales, no lo hagas. Si tienes un poco de miedo, pero tienes curiosidad, no llames a los espíritus. En su lugar, lee libros y habla con personas conocedoras de esto para que puedan ayudarte a sentirte cómodo acerca del proceso de llamado espiritual.

Cuando trates con espíritus, asegúrate de estar sano y positivo. Expulsa tu miedo, ya que seguir siendo temeroso puede atraer a entidades maliciosas que quieran jugar con ese miedo.

Evita comunicarte con espíritus que te dicen que los escuches sólo a ellos. Los espíritus que quieran mejorar tu vida no te impondrán su juicio. No te controlarán ni te dirán qué hacer. Los buenos espíritus de alto nivel presentan opciones, ofrecen información y hacen sugerencias.

Estos espíritus quieren que decidas la mejor opción para ti. No se enfadarán si no sigues sus consejos. No trabajes con una energía o espíritu que busque controlarte o quiera que hagas tareas con las que no te sientes bien. Esto significa que estás trabajando con un espíritu que no ha evolucionado.

Evita trabajar con espíritus no evolucionados o no iluminados. Trabaja con tus guías espirituales o entidades de alto nivel como ángeles. Mientras que tu guía espiritual siempre está contigo, tal vez puedes arriesgarte con un espíritu que no tiene tus mejores intereses en su corazón.

Evita comunicarte con espíritus terrestres, ya que esos son personas muertas. Ya sea viva o muerta, las personas están limitadas por lo que desean y saben.

Un espíritu terrenal puede saber las mismas cosas que tú, pero sus intenciones son diferentes a las tuyas. Puedes reconocer un espíritu no evolucionado o no iluminado basado en su tasa de vibración.

El amor vibra en una energía alegre, alta y deliciosa. Por otro lado, los espíritus no evolucionados vibran a una energía negativa, baja, incómoda y temerosa. Tienes que conocer la diferencia entre energías positivas y negativas y ser consciente de ellas.

Capítulo 6: Preguntas frecuentes

Estas son algunas de las preguntas más comunes que las personas hacen cuando intentan comunicarse por primera vez con sus guías espirituales:

P. ¿Cómo son los guías?

R. No todo el mundo sabe cómo es su guía. A menudo se manifiestan como energía pura. Si sientes que ves a tu guía, normalmente está en el ojo de tu mente en lugar de en una manifestación real.

Cada vez que los sientas o los 'veas', su energía depende de lo que quieras aceptar. Tu guía espiritual quiere que seas feliz y relajado. Si sientes consuelo al aceptar su energía, tu guía espiritual te aparecerá como energía.

Sin embargo, si te preocupa que tu guía se manifieste como energía, tu guía espiritual puede manifestarse en el ojo de tu mente en forma humana o animal.

P. ¿Son los guías espirituales lo mismo que los ángeles guardianes?

R. Desde el nacimiento, tienes tu guía espiritual asignado. Tu guía está preocupado por ti y su único pensamiento es tu bienestar. Los guías espirituales no son lo mismo que los ángeles guardianes.

Los ángeles guardianes están un poco más arriba en la jerarquía espiritual. Los ángeles guardianes cuidan de grupos de personas. El trabajo de un ángel guardián es más bien la supervisión de varias personas; los guías espirituales son más específicos y cuidan de un individuo.

Los ángeles guardianes existen y no hay nada de malo en rezarles. Si bien los ángeles guardianes pueden ayudarte, es mejor que te concentres en cultivar una relación con tu guía espiritual en su lugar.

P. *¿Cuántos guías puede tener una persona?*

R. Hay personas que dicen tener un guía espiritual que se queda con ellos a lo largo de sus vidas. Sin embargo, es más probable que ese sea su ángel guardián. Durante tu vida, tienes al menos un guía espiritual. También puedes tener varios guías.

Tus guías espirituales también pueden cambiar, ya que varios guías pueden ayudar con tus diferentes etapas de aprendizaje y desarrollo. Tu relación con tu guía es sinérgica.

Esto significa que cuando trabajas con tu guía espiritual, puedes crear un mejor resultado de lo que lo harías si trabajaras solo. Por lo tanto, el trabajo en equipo puede conseguirte resultados mejores y más fuertes.

P. ¿Hay guías espirituales masculinos y femeninos?

R. Tu guía espiritual no tiene un género. Sin embargo, algunos guías son inherentemente más femeninos, o más masculinos. Si tienes una gran cantidad de energía masculina, entonces tu guía espiritual probablemente manifestará energía masculina también.

P. ¿Pueden nuestros guías espirituales vernos constantemente?

R. Tus guías espirituales siempre están contigo 24/7.

Los guías espirituales no se preocupan por el reino físico. No duermen; no comen. Sólo se preocupan por tu bienestar espiritual.

Estás aquí para aprender cosas en el plano físico. Sin embargo, también eres un ser espiritual en un cuerpo físico. No eres una persona física con experiencias espirituales.

P. ¿Pueden los guías espirituales mover objetos?

R. Aunque es raro, hay casos en los que se han observado guías espirituales que mueven cosas.

P. ¿Los guías espirituales se comunican sólo durante la meditación?

R. La meditación no es la única vez en la que tus guías espirituales pueden hablar contigo. Pueden hablar contigo en cualquier momento y en cualquier lugar. Sólo tienes que ser consciente de ellos a través de los cinco sentidos. En cualquier momento, los guías pueden mostrarte todo tipo de mensajes y señas.

El propósito de la meditación puede ser para que puedas conectarte más fácilmente con tus guías y volverte más receptivo a sus mensajes. La meditación y la oración ayudan a abrir el canal para que tu guía espiritual se comunique mejor contigo.

Los guías espirituales pueden hablar contigo en cualquier momento y pueden comunicarse contigo incluso en los casos más improbables, por ejemplo, durante una reunión en el trabajo. Cuando hablen, experimentarás y sentirás su presencia, y entonces sabrás que necesitas actuar en algo.

Por lo tanto, sé consciente y estate abierto a cualquier mensaje que puedas encontrar en cualquier momento durante el día, o incluso al dormir.

P. ¿Cuál es el nombre de mi guía espiritual?

R. Tus guías espirituales no son particulares con lo que los nombras. Puede haber algunos guías que tengan un nombre que te revelen. Otros guías querrán que los llames por un nombre que elijas, al igual que los padres nombrando a sus hijos.

Una vez que sepas el nombre de tu guía, o una vez que le hayas dado un nombre a tu guía, quédate con ese.

P. ¿Hay entidades y guías malignas?

R. El reino temporal está plagado de energía maligna. Sin embargo, esos seres malignos nunca pueden ser guías espirituales. Los guías espirituales son buenos, y su luz disipa siempre las tinieblas. Cuando te dejas rodear de luz blanca positiva, estás a salvo y el mal no puede tocarte.

Nunca llames a los espíritus malignos conjurándolos. Si pides y oras por luz blanca, disiparás toda oscuridad y maldad de ti. Cuando te dejas rodear de luz blanca, el mal no puede hacerte daño.

P. ¿Parece tu voz interior cuando los guías espirituales hablan?

R. Sí, ese suele ser el caso. Sin embargo, necesitas estar abierto a las diversas maneras en que tus guías espirituales pueden comunicarse contigo. Puedes escuchar su voz o sentir cosas. No limites a tu guía a una forma específica de entregarte mensajes.

P. ¿Cómo sé que no estoy inventando o imaginando cosas?

R. Si crees que tu mente te está engañando una cosa que puedes hacer es probar la respuesta. Cuando tus guías quieren enviarte un mensaje, tocan el timbre. Si no contestas, se van. A menudo volverán de nuevo e intentarán enviar el mensaje varias veces.

Sin embargo, hay mensajes que pueden parecer poco claros para ti. Por lo tanto, es imperativo que mantengas una mente abierta. Si crees que estás imaginando cosas, pregúntales a tus guías y los pones a prueba.

Por ejemplo, te despiertas y tienes una sensación abrumadora de que necesitas dejar tu trabajo. Si estás confundido en cuanto a quién está enviando este mensaje, simplemente pregúntales a tus guías: "¿Quieren que deje mi trabajo?" Tus guías te responderán, y continuarán enviándote mensajes. Si no escuchas nada de ellos, deja que la idea se vaya.

P. ¿Pueden los guías espirituales ayudarte a comunicarte con los seres queridos difuntos?

R. Sí, los guías espirituales pueden ayudarte a conectar con tus difuntos seres queridos. La clave para comunicarte con tus seres queridos que han fallecido es dejar que tus guías actúen como embajadores.

Permite que sean los conductos entre tus seres queridos y tú. Dejar que sean embajadores es una manera maravillosa de tener una excelente relación con tus guías.

P. Hice algo malo y me siento culpable por ello. ¿Crees que mi guía se está comunicando conmigo?

R. Sí, la culpa es una forma poderosa para que tus guías espirituales tengan una conversación contigo. Tu conciencia te guía. Tu conciencia es en realidad tu guía espiritual tratando de comunicarse contigo.

Si hiciste mal y te sientes culpable por lo que hiciste, tus guías espirituales te están diciendo que corrijas tu error. Tan pronto como sea posible, soluciona el problema con el fin de tener buen karma. Si no lo arreglas pronto, la culpa sólo puede volverse más fuerte.

Tus guías espirituales tienen como objetivo ponerte en el camino espiritual correcto. Usan sentimientos y emociones para transmitirte sus mensajes.

Conclusión

¡Gracias de nuevo por tomarte el tiempo para leer este libro!

Ahora debes tener una buena comprensión de los guías espirituales y de cómo comunicarte con ellos.

Si te ha gustado este libro, por favor tómate el tiempo para dejarme un comentario en Amazon. Agradezco sus comentarios honestos, y realmente me ayudan para seguir produciendo libros de alta calidad.

Milton Keynes UK
Ingram Content Group UK Ltd.
UKHW050629160724
445389UK00012B/655